DEUXIÈME MÉMOIRE

PRÉSENTÉ A L'ACADÉMIE ROYALE DE MÉDECINE,

Sur les Eaux Minérales

D'AUDINAC,

CONSIDÉRÉES SOUS LE RAPPORT THÉRAPEUTIQUE,

PAR LE **Dr SENTEIN**, fils,

Médecin inspecteur de ces eaux.

A FOIX,
IMPRIMERIE DE POMIÉS FRÈRES.

—

1842.

DEUXIÈME MÉMOIRE

PRÉSENTÉ A L'ACADÉMIE ROYALE DE MÉDECINE,

Sur les Eaux Minérales

D'AUDINAC,

Considérées sous le rapport thérapeutique.

> *La détermination des vertus d'une eau minérale, il faut en convenir, est un des problèmes les plus compliqués de la médecine.*
>
> **J. ANGLADA.**
> de l'emploi des eaux minérales en général.

Ainsi que nous l'avons déjà annoncé dans la lettre que nous avons adressée à nos confrères, et qui a été insérée, le 16 juillet 1841, dans *le journal de*

Toulouse, cette seconde partie de notre monographie sur *les eaux minérales d'Audinac*, se composera de six mémoires auxquels sera joint un nombre convenable d'observations. Pour rappeler les sujets, tous d'une grande utilité pratique, qui doivent être traités dans chacune de ces six divisions, nous ne saurions mieux faire que de transcrire ici, sans y rien changer, ce qui a été dit dans la lettre dont il vient d'être question.

Lettre adressée aux médecins, sur les eaux minérales d'Audinac, par le docteur Sentein fils, médecin-inspecteur de ces eaux.

MONSIEUR ET HONORÉ CONFRÈRE,

« Des circonstances que je ne pouvais prévoir me mettent dans l'impossibilité de publier, cette année, comme j'en avais fait la promesse, *la suite de mon premier mémoire sur les eaux minérales d'Audinac*. Toutefois, pour suppléer, autant que possible, aujourd'hui, à cette publication future, je viens vous en donner une analyse qui vous rappellera, par une déduction naturelle, le caractère, les propriétés et l'efficacité des eaux, dont l'inspection m'est confiée.

« Mais, il est aisé de le sentir, dans une lettre, de ce genre, destinée à parvenir sous vos yeux par la place fort restreinte que veut lui accorder dans ses colonnes un journal politique, cette analyse doit se borner presque à l'énumération des sujets à traiter. Ces sujets, d'après le plan que je me suis tracé, serviront de matière à six mémoires, dont les publications seront plus ou moins successives.

« Dans le premier mémoire de cette seconde partie, j'entretiendrai mes lecteurs des effets des eaux d'Audinac dans les engorgements des viscères du bas-ventre, suites de fièvres intermittentes, soit négligées, soit mal traitées, soit rebelles, malgré l'administration conforme aux règles de l'art, des moyens thérapeutiques ordinairement employés dans ces cas.

« J'examinerai successivement l'utilité de ces eaux dans le traitement des engorgements du foie, des glandes du mésentère, du pancréas et de la rate, sans perdre de vue les excellentes idées de *Saunders*, de *Charles-le-Pois* et de *Baillou*, sur ces maladies; dans la pneumatose ou gastrique ou intestinale ; dans les maladies des reins causées et entretenues, chez les femmes, par la diminution ou la suppression des périodes, selon les idées de *Lieutaud* et de *Portal*, et je prouverai que l'utilité de nos eaux, dans ces cas nombreux, est des plus manifestes, quand on y a recours en temps opportun.

» Ce premier mémoire sera naturellement terminé par des considérations générales sur l'utilité de la fièvre artificielle provoquée par l'usage des eaux minérales, par rapport à la résolution des engorgements des viscères abdominaux, selon les idées ingénieuses, essentiellement pratiques d'*Hyppocrate* et de *Bordeu*, sagement tempérées par des reflexions judicieuses de M. *Guersent*.

» Le second mémoire traitera des maladies chroniques de l'estomac et des intestins susceptibles d'être avantageusement combattues par nos eaux, en ne citant que peu d'exemples, mais bien choisis de ces maladies, pour me soustraire à l'obligation où je serais, sans cela, de faire un trop long mémoire pour cette seule division.

» Les maladies relatives à cette classe seront ;

1° La diminution de l'action digestive de l'estomac, soit par la seule débilité de l'organe idiopathique ou symptomatique, soit par faiblesse générale ;

2° Les vomissements déterminés par des diminutions ou des suppressions de flux hémorroïdal et mensuel, la présence de certaines tumeurs, celle de graviers dans les reins ;

3° La stagnation de la bile et son reflux dans l'estomac, maladies dans le traitement desquelles on prendra les précautions nécessaires pour éviter les accidents que nos eaux, imprudemment administrées, ont produit dans certaines circonstances, quelquefois, il est vrai, par la faute des malades.

» Le troisième mémoire aura pour sujet,

1° La gravelle, contre laquelle nos eaux sembleraient agir plus d'une fois à la manière des eaux de *Contrexeville* et de Seltz ; c'est-à-dire en dissolvant la matière visqueuse qui lie entr'eux les grains terreux, de quelque nature qu'ils soient, tout à la fois, en facilitant la sécrétion des urines et en diminuant l'irritation des voies urinaires ; conformément aux vues théoriques de MM. *Ferrus* et *Marcet* ; 2° le catharre vésical que, suivant les principes de l'école de *Barthez*, je distingue avec soin de la cystite, soit aigue, soit chronique, en mettant à profit les idées du célèbre chimiste *Vauquelin* et de M. *Ferrus* sur le diagnostic et les complications de ces maladies ; 3° les affections chroniques de la matrice et des ovaires, telles que le relachement et la chute de la matrice ; 4° la métrite chronique ; 5° l'engorgement des ovaires ; 6° la dysménorrhée et l'aménorrhée ; 7° la chlorose ou pales couleurs et les fleurs blanches, dont l'atonie à divers degrés constitue l'élément principal ;

» 4° L'hématurie et la métrorrhagie passives, ce qui semblerait d'abord en contradiction avec les idées déjà énoncées, relativement à l'influence des eaux d'Audinac sur la provocation, le maintien et l'augmentation des flux menstruel et hémorroïdal, et qui cependant n'est que l'expression rigoureuse des faits ; la différence des doses et des modes d'administration expliquant tout d'ailleurs avec facilité.

» Dans le quatrième mémoire, je m'occuperai de certaines diathèses, telles que, 1° les scrofules, le scorbut et le rachitis, affections que j'ai cru devoir rapprocher en ce lieu, parce qu'il est une idée commune de leur pathogénie qui les lie entr'elles, je veux parler de l'atonie générale et de la viciation des fonctions digestives qui les accompagnent constamment ; 2° les dartres ; 3° le rhumatisme chronique.

» Je traiterai dans dans le cinquième mémoire,
1° Des débilités générales, suites de longues maladies; 2° des convalescences longues et pénibles; 3° des sueurs opiniâtres, avec faiblesse constitutionnelle, qui se lient souvent à un embarras des premières voies, occasionné par des résultats de digestions vicieuses, accompagné d'un défaut de ton du tube digestif.

» Il semblerait que dans ces affections, aussi bien que dans celles qui précèdent immédiatement, nos eaux minérales évacuent d'abord par diverses voies, et qu'ensuite à la faveur du carbonate et du crénate de fer, qu'elles contiennent en bonne quantité, elles exercent une influence tonique générale et profonde, s'adressant surtout aux forces radicales qui en sont, le plus souvent, promptement et considérablement accrues.

» Dans le sixième mémoire, il sera question, 1° de l'utilité qu'il y a à combiner les eaux minérales d'Audinac avec d'autres moyens médicamenteux qui puissent, selon les cas, ainsi que le prescrit *Alibert*, adoucir leurs effets, ou les rendre encore plus actives; et 2° afin de le combattre victorieusement, du funeste préjugé qui fait penser à certaines personnes, sans aucune raison légitime, que les eaux d'Audinac, quand on les administre en bains, non-seulement cessent d'être utiles, mais encore qu'elles deviennent décidément nuisibles.

Je terminerai ce sixième mémoire par la réfutation de cette idée de M. *Léon Marchand*, selon moi, fort erronée, savoir : que les eaux minérales n'agissent sur l'économie humaine qu'à la faveur de l'excitation qu'elles *produisent toujours* ; cette théorie ne me paraît pas en effet plus heureuse que celle dans laquelle *Alibert* prétend expliquer tous les effets des eaux minérales à l'aide de la seule *révulsion*.

» Ainsi que je l'ai dit dans mon premier mémoire, les eaux minérales d'Audinac sont, à la fois, salines, gazeuses et ferrugineuses ; outre les divers sels à base, soit de chaux, soit de magnésie, elles contiennent, en effet, du gaz acide carbonique à l'état de liberté et surtout du carbonate et du crénate de fer.

» L'efficacité de nos eaux, comme celle des autres eaux minérales en général, dépend de l'action simultanée et successive qu'exercent sur l'économie animale, et leur thermalité et leur constitution chimique.

» Il est infiniment probable que, dans les cas où quelqu'un de leurs éléments chimiques prédomine, son action n'est alors plus spécialement ressentie, que parce que chez les sujets atteints de maladies chroniques qui éprouvent cet effet particulier, il existe quelque élément morbide, plus caractérisé que les autres, qu'il tient actuellement sous sa dépendance, et c'est précisément pour cela que l'élément pathologique en saillie, offre plus de prise, à l'élément chimique désigné.

» Voilà pourquoi ces eaux qui sont, comme on le

sait, *purgatives* à divers degrés chez le commun des sujets, à des doses un peu élevées deviennent, si elles sont administrées à petites doses, *diurétiques, résolutives, fondantes, désobstruantes par révulsion, provocatrices du flux menstruel et hémorroïdal*, et donnent lieu en outre à une augmentation évidente de ton, qui va jusqu'à produire une constipation bien caractérisée, lorsque, dans l'action simultanée de leurs principes chimiques constitutifs, le carbonate et le crénate de fer qu'elles contiennent en assez grande quantité, viennent à s'emparer du rôle d'élément prédominant.

» Il est inutile de dire que, tant dans l'intérêt des malades que pour conserver et accroître, si c'est possible, la juste réputation de nos eaux, il sera question, dans chacun des mémoires à publier, des symptômes des maladies passées successivement en revue, qui devront être regardés, par rapport à l'administration des eaux minérales d'Audinac, comme de véritables contre-indications qu'il sera extrêmement important de soigneusement respecter.

» Pour terminer en deux mots cette lettre déjà trop longue, sans doute, il suffira de dire ici que la plupart des contre-indications dont il s'agit, si non toutes, consistent particulièrement en une complication par surexcitation générale, faisant craindre l'inflammation et la fonte ou phthisie locale d'un organe essentiel, amenant à sa suite l'étisie et ses funestes conséquences.

» Ainsi se trouvera remplie la tâche que m'imposaient mes devoirs de médecin inspecteur : heureux, si par mon zèle et mes efforts, je puis parvenir à bien faire apprécier un moyen thérapeutique dont la spécialité est si nombreuse et dont l'application a été si souvent utile ! »

J'ai l'honneur, etc., etc.

On a vu que la première partie de notre travail a pour objet les maladies du foie ; leur traitement par les eaux d'Audinac ; l'utilité que peut avoir l'établissement d'hémorroïdes, dans la thérapeutique la plus rationnelle des affections capables d'atteindre ce vicère important ; et l'on a vu aussi qu'elle était l'efficacité de nos eaux minérales par rapport à la provocation du flux hémorroïdal.

On serait injuste envers nous, si l'on pouvait penser, que dans cette œuvre consciencieuse, mais nécessairement restreinte, nous avons eu la prétention de traiter à fond, et d'épuiser la matière concernant les deux objets désignés. Nous n'ignorons pas, en ce qui se rapporte au premier, que *Bianchi* n'avait pas tout dit sur ce point ; que *Saunders* laissait lui même beaucoup à désirer ; que *Charles-le-Pois*, *Bacher*, *Monro*, *Portal* et tant d'autres avaient consigné dans leurs écrits des détails précieux sur les maladies de ce viscère, considérées dans leur influence sur la production des hydropisies ; et en ce qui se rapporte au second objet, nous ne pouvions avoir oublié que *de Mon-*

tègre avait publié un traité analytique, justement estimé et assez étendu, de toutes les affections hémorroïdales; et nous dirons néanmoins qu'il ne serait pas très-difficile d'ajouter des considérations nouvelles, de quelque intérêt véritable, à tout ce qu'ont déjà dit ces auteurs. Mais dans un travail tel que le nôtre, nous devions envisager les maladies du foie sous le point de vue de leur curabilité par l'administration de nos eaux minérales, et les hémorroïdes sous celui de leur utilité thérapeutique contre ces maladies d'abord, et ensuite sous celui de l'heureuse facilité avec laquelle elles sont provoquées et maintenues par l'usage de ces mêmes eaux.

Ayant traité des maladies du foie dans notre première partie, il était naturel de placer en tête des six mémoires composant la seconde, celui de ces mémoires dont les matières se rapportent le plus directement au sujet déjà publié. On ne sera donc nullement surpris de voir ce que nous avons à dire sur *les engorgements des viscères du bas-ventre, suites de fièvres intermittentes*, se présenter immédiatement après ce qui a été déjà dit sur les maladies, et principalement sur les engorgements du foie.

CONSIDÉRATIONS GÉNÉRALES

SUR LES ENGORGEMENTS DES VICÈRES DU BAS-VENTRE, SUITE DE FIÈVRES INTERMITTENTES, ET QUELQUES OBSERVATIONS DONT LES SUJETS ONT ÉTÉ OU GUÉRIS OU NOTABLEMENT SOULAGÉS PAR L'USAGE DES EAUX D'AUDINAC.

C'est surtout dans le traitement des maladies

chroniques, qu'il importe d'analyser les phénomènes morbides constitutifs de la maladie le plus souvent compliquée, de la réduire en ses éléments soigneusement distingués, afin de mieux reconnaître ainsi celui d'entr'eux qui tenant tous les autres sous sa dépendance, doit par cela même mériter les premiers soins et toute l'attention du médecin. L'oubli de ce principe, que je pose comme fondamental de thérapeutique générale, est cause qu'indépendamment des fièvres intermittentes de divers types, entretenues par des engorgements de viscères abdominaux, ou dont ces engorgements ont été les effets, et qui doivent être attribués à la négligence des malades, il en est aussi un bon nombre qui, convenablement traitées, ne seraient pas certainement passées à l'état chronique, pour garder ensuite cette forme pendant un temps souvent très-long. Nous sommes forcé cependant de reconnaître qu'il a toujours existé, et que malheureusement pour l'humanité, il existera toujours des maladies rebelles aux moyens thérapeutiques ordinairement les plus héroïques, alors même qu'ils ont été le plus sagement administrés.

Le foie a été déjà signalé, avec raison, comme un véritable foyer par rapport aux affections fébriles sous divers types et qui fréquemment s'accompagnent de sympathies graves, et se terminent plus d'une fois d'une manière funeste, après avoir longtemps existé. » Chacun sait, dit *Saunders*, combien » souvent ce système est le siége d'affections fébriles

» dangereuses. » Mais il s'en faut de beaucoup que les obstructions du foie soient les seules que les organes du bas-ventre présentent, et les seules aussi que le sage emploi de nos eaux puisse combattre avantageusement.

Des fièvres intermittentes, tierces ou quartes qu'on a négligées, que l'on a mal traitées, ou qui se sont montrées rebelles malgré l'emploi des moyens thérapeutiques les plus rationnels, sont souvent ou l'effet ou la cause, chez les jeunes sujets surtout, de la tuméfaction et des altérations organiques de divers genres et de divers degrés, dont les ganglions du mésentère sont devenus le siége. Cette affection, presque toujours liée à une disposition morbide générale, *la diathèse scrofuleuse*, est aussi connue de nos jours que l'utilité des eaux minérales, principalement *salines*, dans le traitement qui lui convient le plus.

Ce qui vient d'être dit s'applique d'autant mieux au pancréas, dans le cas où son tissu est devenu le siége d'engorgements, que la nature de cet organe est précisément glanduleuse. *Charles Lepois* et *Théophile Bonnet* ont vu des fièvres intermittentes causées et entretenues par des engorgements squirrheux du pancréas, et bien d'autres observateurs ont recueilli des faits du même genre.

On sait depuis long-temps que le pancréas est sujet à des engorgements stéatomateux, ayant la consistance, soit du suif, soit du miel, principalement chez les sujets scrofuleux, et que ces engorgements, tantôt partiels, tantôt envahissant toute l'étendue de l'organe, sont souvent combattus par l'usage des eaux minérales salines, avec un succès très-marqué.

Il n'est peut-être pas d'eaux minérales connues auxquelles on n'ait souvent adressé des malades dont la rate était engorgée, obstruée, comme on le dit fréquemment.

De tous les engorgements de la rate que l'emploi de nos eaux peut combattre avec un véritable succès, ceux qui doivent être placés en première ligne sont, sans contredit, les *engorgements sanguins*, déjà très-bien reconnus par *Baillou*, et dont souvent l'existence peut être facilement constatée par l'exploration de l'hypochondre gauche, à l'aide du simple toucher.

Dans bien des cas, en effet, il existe des engorgements sanguins ou des hypertrophies de la rate, avec ou sans ramollissement, constituant ce que quelques auteurs anciens ont bizarrement appelé *gateau fébrile, placenta febrilis*, faisant saillie au-dessous des fausses côtes et presque toujours faciles à reconnaître au toucher. C'est ordinairement chez les filles ou femmes peu ou point réglées et chez les hommes et les femmes qui avaient été long-temps sujets à un flux hémorroïdal actuellement supprimé, que cet état morbide de la rate a été observé.

Cet état, soit qu'il consiste en une simple congestion sanguine locale, soit qu'il résulte, en partie ou en totalité, de la rétrocession du flux sanguin constituant ou les règles ou les hémorroïdes fluentes, rentre toujours dans la catégorie des cas morbides dont il s'agit.

La raison seule nous fait pressentir déjà tout l'avantage que doit avoir, dans ce cas, l'emploi de nos eaux minérales. Ces eaux ayant, en effet, la propriété de provoquer ou de rétablir les règles, ainsi que le flux hémoroïdal, on serait convaincu *à priori* qu'elles doivent être alors extrêmement utiles, quand bien même des expériences très-souvent répétées ne seraient pas déjà venues convertir cette présomption en une certitude qui ne laisse rien à désirer.

On voit, d'après cela, que la maladie que *Kœmps* a décrite le premier et peut-être le seul jusqu'à ce jour, sous le titre d'*infarctus vasorum ventriculi*, consistant dans l'engorgement sanguin et la dilatation variqueuse des veines, surtout de l'estomac et de l'épiploon gastro-colique, trouverait, dans l'emploi convenable de nos eaux, on peut le dire, presque un véritable spécifique.

Les tumeurs de la rate, dont nous venons de parler, ne sont pas les seules dans le traitement desquelles les eaux d'Audinac puissent être utilement employées. *Morgagni* a reconnu que les tumeurs de cet organe dépendaient, dans certaines circonstances, de la distension de l'estomac ou des intestins par des vents. Comme cet état du tube digestif dépend le plus souvent de mauvaises digestions, que beaucoup de gens ont coutume de prévenir par l'usage d'un peu d'eau de Seltz, avant ou pendant le repas, on doit pressentir que nos eaux chimiquement composées de manière à combattre directement la torpeur de l'estomac et des intestins, en vertu de l'acide carbonique et du fer qu'elles contiennent, seront parfaitement indiquées contre des engorgements qui seront l'effet, soit purement physique ou anatomique, soit physiologique ou sympathique, de cet affaiblissement dans les fonctions du tube digestif.

Dans toutes ces maladies, auxquelles nous pourrions joindre encore les engorgements dont les reins sont souvent le siége, il est bon cependant de s'y prendre de bonne heure, si l'on veut raisonnablement fonder quelque espérance dans le traitement que l'on aura à diriger contre les symptômes qui les constituent, ainsi que contre les affections dont ces symptômes ne sont que les manifestations. D'après *Portal*, *Vincent* aurait publié, en 1689, l'histoire du rein droit d'une fille morte après une suppression de règles, qui fut trouvé, à l'ouverture du cadavre, ayant la consistance cartilagineuse et pesant plus d'une livre et demie. *Lieutaud* parle d'une femme chez laquelle les règles s'étant supprimées à l'occasion d'un violent chagrin, il survint de l'enflure au ventre, de la difficulté de respirer et une tuméfaction générale. La malade étant morte dans le marasme, on trouva, à l'ouverture du cadavre, le ventre plein d'eau et le rein gauche d'un volume cosidérable, ayant le poids de 35 livres.

On lit dans les *Mélanges des curieux de la nature* une observation citée par *Lieutaud*, attestant que, chez un sexagenaire, un rein malade et une tumeur dont il fesait la majeure partie, pesaient 60 livres.

Il ne serait pas impossible que, dans des cas analogues aux deux premiers, l'usage de nos eaux prévint la formation de maladies mortelles, en rétablissant le flux menstruel ou en suppléant à ce flux, si elles ne pouvaient pas le déterminer par la provocation ou l'établissement du flux hémorroïdal qui aurait pu alors en tenir lieu, ainsi qu'on l'a vu dans tant d'occasions.

Mais il est inutile de dire que quand on voudra voir nos eaux réussir dans le traitement d'engorgements de cette nature, on fera bien de ne pas attendre que la maladie ait été poussée à un degré aussi avancé.

Quelques auteurs, à la tête desquels nous placerons *Lieutaud* et *Portal*, ayant fréquemment observé que ceux qui étaient atteints à la fois de calculs rénaux et de calculs biliaires, étaient tourmentés de la goutte et même de la difficulté de respirer à laquelle on donne souvent le nom d'asthme, nos eaux se trouvent très-bien indiquées, dans ce cas, à titre de moyen diurétique éprouvé.

Bordeu a fait une remarque qui donne encore plus de poids à cette assertion. Cet observateur a vu la goutte singulièrement soulagée, dans un cas, par une fistule à l'anus, dans un autre par un flux hémorroïdal, qui s'étaient manifestés l'un et l'autre par l'effet des eaux minérales. Tout fait donc penser que nos eaux, provoquant si facilement les hémorroïdes, produiraient, dans plus d'une occasion, des effets aussi avantageux.

Les considérations précédentes nous font présumer que l'emploi de nos eaux serait suivi d'un avantage marqué dans le traitement des hémorroïdes vésicales avec rétention d'urines, quand surtout ces hémorroïdes vésicales seraient survenues à l'occasion de la disparition d'hémorroïdes anales anciennes, ou de la suppression du flux sanguin qui les accompagnait.

Nous ne serions pas éloigné de croire, en outre, qu'à l'imitation des eaux de Barèges, de Cauterets et de Bonnes, nos eaux administrées tantôt en boisson, tantôt en bains, eussent le double avantage de pousser les mois et d'en modérer le flux excessif, quoique au premier aspect cela paraisse contradictoire et incompatible.

Ce que nous avons dit de l'utilité, de l'emploi de nos eaux minérales dans la thérapeutique des engorgements du foie, de la rate, du pancréas et des reins, s'applique naturellement au traitement, par l'emploi des mêmes eaux minérales, de certains engorgements de la prostate. Bien plus, on doit même pressentir que la proximité, par rapport à cet organe, des vaisseaux hémorroïdaux, sur la pléthore locale desquels les eaux minérales d'Audinac exercent une si grande influence, ne saurait encore que rendre plus faciles et plus efficaces les traitements des engorgements désignés de la prostate, à l'aide de ce moyen thérapeutique convenablement administré.

Il va sans dire que dans ces cas, comme dans tant d'autres, il faudra soigneusement s'attacher à bien distinguer les engorgements de cette glande, que leur acuité, leurs complications fâcheuses ou leurs dégénérescences nous présenteraient comme entourés de contradictions formelles, d'avec ceux qui, ayant pour principal caractère une augmentation de volume et de consistance, à l'état chronique et sans complications capables d'inspirer avec raison quelque crainte, se trouveraient par là dans la catégorie des états morbides indiquant parfaitement l'emploi, toujours sagement administré, des eaux minérales d'Audinac.

Que devrait nécessairement produire, en effet, l'administration d'eaux minérales d'une nature excitante, par cela seul qu'elles sont résolutives, si l'on dirigeait imprudemment leur emploi contre des engorgements inflammatoires aigus de la prostate? On sent bien que cet état aigu ne pourrait qu'en être plus ou moins exaspéré; que ce serait donner à la maladie une impulsion qui activerait sa marche, après avoir rendu la douleur et l'inflammation plus intenses; et que souvent la terminaison par la suppuration que l'on eût pu éviter, deviendrait alors inévitable.

Une inflammation aiguë, dans tout autre lieu

plus ou moins éloigné de la prostate, constituerait également une contre-indication qu'on ne devrait point négliger : il nous suffira ici d'indiquer seulement cette circonstance, parce qu'elle rentre d'elle-même dans une idée générale déjà précédemment émise et qui devra être énoncée nécessairement encore dans notre résumé général.

Quant aux engorgements de la prostate qui seraient devenus le siége d'une dégénérescence avancée des tissus, telle que celle qui constitue le squirrhe ou le cancer, avec suppurations internes multiples sous forme de géodes, non-seulement nous penserons toujours qu'il faudrait s'abstenir de les traiter par nos eaux minérales, mais encore qu'on devrait soigneusement renoncer à les traiter par aucun moyen thérapeutique excitant. (1)

Les engorgements de la prostate, froids ou in-

---

(1) C'est particulièrement d'après le souvenir d'un exemple remarquable de squirrhe de la prostate que nous avons eu occasion de constater, agissant d'après une réquisition émanée du parquet du tribunal de St.-Girons, que nous sommes menés à parler ici de l'altération spéciale que nous venons de signaler, et à faire l'observation thérapeutique dont nous l'avons faite suivre.

C'était dans le mois d'avril 1838, M. le Procureur du Roi de St.-Girons ayant reçu avis que le nommé F. F., habitant à Castillon, avait été trouvé mort, la tête mutilée, dans sa maison qu'il habitait seul, nous réquit, en nous adjoignant deux habiles confrères, les docteurs Sentein de Castillon et Gradit fils, de nous rendre dans la maison de F. F. et constater la cause de sa mort.

L'état des lieux, la nature et la disposition des objets trouvés

dolents, chroniques et sans complication aucune, sur des sujets sains d'ailleurs de tout le reste du corps, seraient donc, en définitive, ceux contre lesquels les eaux minérales d'Audinac montreraient le plus d'efficacité.

Dans l'intérêt des malades atteints d'engorgements de cette glande et que l'on aurait le dessein de nous

près du cadavre ; le caractère des blessures, leur siége particulier, tout démontrait jusqu'à l'évidence que la mort de F. F. était due, non à un assassinat, mais à un suicide.

Quelle raison avait pu porter ce malheureux à se donner la mort ? F. F. n'était pas riche, sans doute ; mais, dans sa condition, F. F. possédait assez pour satisfaire librement les besoins matériels de la vie. Mais F. F. était habituellement malade ; il était, nous dit-on, affecté d'une maladie des voies urinaires, dont l'un des principaux symptômes était la dysurie. On nous montra, en effet, des sondes de gomme élastique dont il fesait lui-même un fréquent usage. Nous dirigeâmes aussitôt notre attention vers les organes signalés comme le siége de sa maladie habituelle, et reconnûmes la portion prostatique du canal de l'urèthre rétrécie dans son calibre par un engorgement squirrheux de la prostate. On avait, dit-on, cautérisé deux fois ce retrécissement. Mais que pouvait contre l'engorgement squirrheux de la prostate la cautérisation superficielle de la muqueuse qui tapisse la portion prostatique du canal ? Rien assurément pour la guérison ; beaucoup, sans doute, pour l'aggravation du mal !

En proie à des douleurs incessantes, convaincu peut-être par l'inefficacité des moyens de curation qu'il avait mis en usage, et qu'il avait, toutefois, puisés à des sources réputées bonnes, convaincu que ses douleurs ne pourraient désormais trouver d'amendement, F. F. se donne la mort...... C'est, au reste, une observation faite bien de fois, que de toutes les infirmités, il n'en est pas qui provoquent plus invinciblement chez l'homme le dégoût de la vie, que celles qui affectent les organes urinaires ou génitaux.

adresser, les médecins ordinaires feraient bien de regarder, comme indispensable pour eux, la prescription d'un traitement rationnel préalable, de rigueur, indiqué par une diathèse spéciale, dont l'engorgement de la prostate ne serait que l'effet. Il est aisé de sentir que l'emploi d'eaux minérales, de quelque nature qu'elles fussent, ne saurait remplacer le mercure, c'est-à-dire le véritable et peut-être l'unique remède réellement spécifique, dans le cas où l'on aurait à combattre un engorgement vénérien ; tandis que l'on sentira plus aisément encore qu'un engorgement d'abord syphilitique de la prostate devra nécessairement devenir un état morbide purement local, du moment que la diathèse qui l'avait produit aura été victorieusement combattue. On comprendra facilement comment les eaux minérales d'Audinac pourront alors jouir d'une efficacité qui leur eût été sans cela tout-à-fait interdite.

Nous pensons d'ailleurs que, dans bien des cas, le carbonate de fer que nos eaux tiennent en dissolution, les mettrait à même de combattre de véritables pertes séminales, c'est-à-dire, les pertes de semence résultant du défaut de ton des canaux déférents, des sphincters ou du col de la vessie, des vésicules séminales et des canaux éjaculateurs, pertes séminales qui coexistent plus d'une fois avec l'engorgement chronique de la prostate, que les vrais praticiens se garderont bien de confondre avec le catarrhe vésical et qu'il serait d'ailleurs si dan-

gereux de traiter par la cautérisation, comme de
malheureuses expériences ne l'ont que trop souvent
démontré jusqu'à ce jour.

1re OBSERVATION.

ENGORGEMENT DES GLANDES DU MÉSENTÈRE, SUITE DE FIÈVRES
INTERMITTENTES TIERCES.

Mlle..., d'une constitution délicate, d'un tempérament lymphatique, appartenant d'ailleurs à une famille dans laquelle on avait vu maintes fois la diathèse scrofuleuse s'attacher cruellement et avec opiniâtreté à plusieurs membres, vint réclamer le secours de nos eaux minérales contre un engorgement du mésentère, qui s'était manifesté, à la suite de fièvres intermittentes tierces, pendant longtemps livrées à elles-mêmes.

Nous apprîmes de ses parents que sa mère n'ayant pu l'allaiter après sa naissance, on s'était vu contraint de suppléer à l'allaitement maternel par l'allaitement artificiel ordinaire, auquel on joignit bientôt l'usage de panades, de crèmes féculentes, etc., que les praticiens de tous les pays savent si bien exercer une grande influence sur les engorgements glanduleux en général, et plus particulièrement sur celui du mesentère, si connu sous le nom de *carreau* chez les jeunes sujets.

Plus tard une nourriture peu chargée d'azote ne

put guère corriger ni le vice de la première alimentation, ni les suites qu'elle devait inévitablement amener.

L'habitation d'une ville au voisinage de laquelle se trouvent le plus souvent des mares d'eaux stagnantes, contribua sans doute encore à rendre plus actives et plus nuisibles les causes qui viennent d'être signalées.

La malade était âgée de 12 ans quand elle fut atteinte d'un accès de fièvre bien caractérisé.

Il est à remarquer que la jeune malade se plaignit, pendant toute la journée de l'accès, d'une douleur sourde, gravative, aux régions épigastrique et ombilicale, douleur qui augmentait un peu par l'effet même d'une légère pression.

Un pareil accès, qui se manifesta le surlendemain, détermina le type tierce de cette fièvre.

Les accès, représentés exactement par les mêmes symptômes tous les deux jours, allèrent en augmentant d'intensité et de durée pendant quelque temps ; puis ils devinrent plus courts et plus faibles ; ils changèrent d'heure d'invasion ; quelques-uns d'entr'eux manquèrent même de temps en temps ; ils prirent une forme erratique assez irrégulière ; mais ils persistèrent pendant plus de deux ans.

La longueur de la maladie, le peu de méthode que l'on suivit dans l'emploi de certains moyens thérapeutiques, ou la négligence que l'on apporta dans l'exécution de celles des prescriptions qui, bien exécutées, auraient pu être utiles, furent cause que quand la malade vint réclamer l'emploi des eaux d'Audinac, en 1838, elle portait une tumeur assez appréciable, quoique profondément située dans l'abdomen, et qui s'emblait s'être accrue en raison du nombre d'accès qui avaient été essuyés.

Les eaux furent prescrites à notre malade, d'abord à l'intérieur, puis en bains, et ensuite en douches sur l'abdomen.

Les évacuations alvines et l'augmentation sensible des urines, qui furent bientôt le résultat de l'administration intérieure des eaux minérales, causèrent d'abord un affaiblissement général qui dut nécessairement inspirer quelques craintes aux parents de la jeune malade. Mais l'expérience nous ayant appris que nous avions quelque droit de les rassurer à cet égard, nous nous efforçâmes de ramener la confiance et l'espérance, et nous fûmes assez heureux pour y réussir.

L'usage interne des eaux donna lieu à l'évacuation d'une quantité très-considérable de matières gastriques et intestinales qui, par leur mauvaise qualité, témoignaient qu'elles existaient depuis longtemps en dépôt dans les voies digestives; et nous vîmes bientôt cesser cette longue fièvre intermittente, que ces anciens levains détériorés provoquaient et entretenaient sans doute.

Dès-lors, la thérapeutique devenant plus simple, notre attention se porta entièrement sur l'engorgement abdominal.

Cet état, que nous pûmes à dater de ce moment

considérer comme purement local, fut si heureusement combattu par l'action purgative, diurétique, fondante et résolutive de nos eaux, administrées à l'intérieur, et leur administration subséquente en bains et en douches sur l'abdomen, favorisa avec tant de succès cette thérapeutique, qu'avant la fin de la même saison, la tumeur eut diminué d'une manière notable.

Un régime à la fois nourrissant et léger, et un traitement pour tout le reste de l'année, dans lequel les extraits de plantes chicoracées, le petit lait, les bouillons frais, les savonneux et le proto-chlorure de mercure ne furent point oubliés, mais surtout, le retour à nos eaux l'année suivante, déterminèrent une guérison complète qui ne s'est point démentie jusqu'à ce jour.

Il est une circonstance qui, nous devons le dire, peut fort bien avoir eu quelque part à ce succès. Après la seconde saison, les règles parurent et remplacèrent une leucorrhée qui jusque-là existait seule d'une manière constante et fatiguait beaucoup la malade. Mais d'après ce que nous avons déjà dit et ce que nous dirons par la suite de certaines vertus des eaux d'Audinac, il ne paraîtra pas irraisonnable de penser que notre source a été encore de quelque utilité, même sous ce rapport.

2ᵉ OBSERVATION.

ENGORGEMENT DE LA RATE A LA SUITE D'UNE LONGUE FIÈVRE
INTERMITTENTE QUOTIDIENNE.

Dans le mois d'avril 1836, M... jeune homme de 18 ans, d'un tempérament lymphatique sanguin, éprouva, vers les onze heures du matin, un violent frisson, qui dura trois quarts d'heure, et pendant lequel, il rendit, par le vomissement, absolument tout ce qu'il avait ingéré dans le déjeuner de ce jour. Au froid succéda une chaleur qui augmenta peu-à-peu pendant deux heures et demie, et puis diminua progressivement, pour complètement cesser vers les cinq heures de l'après midi. Il ne resta plus bientôt au malade qu'un sentiment de lassitude générale assez considérable, qu'il regarda comme pouvant être également l'effet des tremblements éprouvés dans la première période de l'accès, et de la grande quantité de sueur qui était sortie de son corps, pendant la seconde. Un accès analogue se manifesta le lendemain et les jours suivants à la même heure. Ces accès ayant le type intermittent régulier, allèrent en augmentant jusqu'au quatrième; puis ils s'affaiblirent un peu, jusqu'au septième ou huitième; mais, au lieu de cesser à cette époque, comme le malade pensait que cela arriverait, parce qu'il avait égard au printemps où l'on se trouvait alors, ils continuèrent à se manifester tous les jours, à la même heure, et à très peu de chose près, avec la même force. Ils devinrent tout à fait stationnaires. Ces accès, ne fatiguant plus le malade, comme l'avaient fait les premiers, on n'eut recours ni à un médecin, ni même à un seul remède dit fébrifuge ou réputé tel. M... s'accoutuma d'autant plus facilement à vivre en quelque sorte avec son ennemi, que s'étant jusque-là, constamment bien porté, il avait toujours eu une véritable aversion, pour les remèdes mêmes les plus simples. Il y avait déjà six mois que ces accès de fièvre duraient, sous le même type, lorsqu'au commencement de l'automne le malade sentit une douleur sourde et profonde s'établir dans l'hypochondre gauche et se prononcer de jour en jour davantage. Bientôt, en outre, cette partie devint le siége d'une tuméfaction assez sensible pour pouvoir être facilement appréciée et convenablement jugée, même par des gens étrangers à l'art. La douleur et la tuméfaction dont il vient d'être question, augmentèrent peu-à-peu d'une manière sensible; et dans le mois de décembre de la même année, une circonstance fortuite vint encore leur donner plus d'intensité et de développement. Un jour, étant près d'une chaise qu'il n'avait pas remarquée, en se baissant fortement et d'une manière rapide pour ramasser le plus tôt possible un objet de prix qu'il venait de laisser tomber, M.... frappa violemment de l'hypochondre gauche contre un des angles supérieurs et antérieurs de la partie horizontale de la chaise. La contusion qui en fut l'effet inévitable ne put qu'augmenter encore l'engorgement et l'état douloureux de cette partie. Le malade n'en consentit pas plus pour cela à recevoir les soins médicaux de qui que ce soit; il ne voulut pas même suivre le conseil qu'on lui donnait d'appliquer sur la partie contuse des compresses trempées dans de l'eau salée, résolutif que l'on sait être devenu depuis longtemps populaire. Néanmoins, quoique pendant quelques jours on eût craint une suppuration et toutes ses suites graves dans un lieu semblable, l'accroissement et la vivacité de la douleur ainsi que la tuméfaction considérable, constituant l'état aigu sur-ajouté, au fonds morbide habituel, se dissipèrent avec lenteur à la vérité, et tout redevint ensuite comme avant que la contusion eût été essuyée. Il est même un point de vue sous lequel, on pourrait penser que l'événement fortuit, dont il vient d'être question, a pu être de quelque avantage, soit par la violence et la brusquerie de ce coup, soit par la sorte de révulsion ou de dérivation qu'occasionna la menace d'inflammation de la rate : les accès diminuèrent considérablement tant dans leur force que dans leur durée. Tel est l'état dans lequel le malade se trouvait lorsqu'il vint à Audinac en 1837.

Les eaux lui furent administrées à l'intérieur et à grandes doses. Ce fut surtout sur les voies urinaires et digestives qu'elles portèrent leur principale action. Le ventre devint habituellement libre, et tous les quatre ou cinq jours, les eaux, sans que leur dose, eût été ces jours-là augmentée, donnèrent lieu à l'évacuation d'une grande quantité de matières alvines analogues à celles qu'éliminent ordinairement les seuls purgatifs décidés. On remarqua même qu'une des selles de ce genre, survenue après des coliques assez intenses qui avaient duré plusieurs jours, présenta comme un mélange de pus et de matières fécales diarrhéiques. Les urines se troublèrent quoique leur quantité eût considérablement augmenté sous l'influence des eaux, et elles prirent tous les caractères des urines dites critiques. Pendant un bon nombre de jours, elles charièrent une matière sédimenteuse et briquetée, qui, par le repos, donnait lieu à la formotion d'une couche assez épaisse, occupant le fond du vase de nuit. Bientôt il ne resta plus la moindre trace ni des accès, ni de la douleur. Quant à la tuméfaction ou l'engorgement de la rate, les douches qui furent alors administrées ne purent pas le résoudre en entier, mais du-moins elles le diminuèrent considérablement.

3ᵉ OBSERVATION.

ENGORGEMENT DU FOIE, SUITE D'UNE FIÈVRE INTERMITTENTE QUARTE.

M.... âgé de 36 ans, avait un tempérament sec et bilieux ; sa constitution était délicate, mais elle se trouvait liée à une grande force d'âme, à la faveur de laquelle il avait été souvent à même de supporter avec résignation des indispositions fréquentes et plus d'une fois d'assez longues maladies. Il fut atteint, au commencement de 1838, d'un accès de fièvre bien caractérisé qui, à dater de cette époque, se reproduisit pendant long-temps de trois en trois jours. La période de froid de ces accès de fièvre intermittente quarte présentait cela de particulier, que, pendant toute sa durée, le malade éprouvait constamment, moins un seul sentiment de froid continu ou *homotone,* qu'une série de frissons vifs, rapprochés et accompagnés d'une douleur profonde dans l'hypochondre droit, dont les augmentations et les diminutions étaient proportionnelles aux exacerbations et rémissions frigorifiques. Le malade craignit lui-même, d'après des recherches qu'il avait faites dans des livres de médecine, que ces frissons accompagnés d'une douleur locale fixe ne fussent suivis d'une formation successive, dans le foie, de petites quantités de matière purulente pouvant bientôt produire un dépôt considérable dans l'intérieur de ce viscère. Mais ce qui le rassura, ce fut l'absence absolue de toute douleur pendant la période de chaud et pendant l'apyrexie. Le malade, malgré ses recherches dans les livres, ne fit guère usage que de quelques remèdes de *bonnes femmes,* espèces de médecins que l'on sait se trouver partout ; qui donnent il est vrai, de temps en temps, par instinct ou par hasard, des conseils réellement utiles, mais qui ne furent nullement heureuses dans le cas actuel! Malgré l'administration assez peu méthodique de plusieurs remèdes bizarrement composés, et qui tous avaient été préalablement fort préconisés et révérencieusement signalés comme des panacées irrésistibles, non seulement les accès continuèrent sous le même type et à très peu de chose près avec la même intensité, mais encore l'on vit bientôt la douleur qui n'existait que pendant la période du froid, s'étendre d'abord à la période de chaud et puis après, persister quoique à un faible degré, pendant l'apyrexie même; et plus tard, le tube digestif s'encombrer de saburres bilieuses, qui devinrent plus abondantes et plus acres à mesure que l'appétit se perdait. Les forces digestives diminuèrent, jusqu'à sembler vouloir complètement s'anéantir. La région du foie palpée, explorée par le malade lui-même, lui permit de reconnaître facilement l'engorgement dont cet organe était le siége. A cette époque, la sclérotique devint jaunâtre, une couleur analogue s'empara du pourtour des narines; l'enduit saburral habituellement fort épais de la langue, prit l'aspect d'un jaune qui ne différait de celui des autres parties désignées qu'en ce qu'il était plus foncé et de plus assez fortement verdâtre; et bientôt le reste du visage et toute l'étendue de la peau participèrent fortement à la même couleur. Quant aux évacuations alvines, elles étaient, tantôt comme nulles, tant la constipation était forte et soutenue, tantôt, mais seulement d'une manière momentanée, diarrhéiques et fortement empreintes de bile. Les selles de cette dernière forme ne se manifestaient guère qu'après une constipation assez longue; elles avaient lieu, sous forme de débacle subite constituant un véritable effort médicateur. Les coliques qui suivaient la constipation, lorsque sa durée dépassait deux jours, cédaient d'ordinaire à l'évacuation abondante et brusque dont il s'agit. Quand avant ce temps quelque évacuation était possible, elle se réduisait à l'expulsion de matières moulées, en petite quantité, dont la sortie ne manquait jamais d'exiger de pénibles et douloureux efforts. La persistance de ces symptômes ne pouvait que rendre l'engorgement du foie encore plus considérable, et c'est ce qui arriva. Tel était l'état dans lequel se trouvait le malade, lorsqu'il vint à Audinac pendant la saison de 1838. Les indications qui auraient dû être remplies depuis long-temps, étaient encore si claires et si bien caractérisées, que nous ne pûmes nous dispenser d'y avoir égard. Dans l'espace de dix jours, le malade fut émétisé une fois et purgé deux fois. La quantité de bile, le plus souvent porracée, qu'il rendit et par le haut et par le bas, fut très considérable : ce fut seulement après qu'il eût été ainsi évacué, que le malade fit usage des eaux à l'intérieur. Il fut assez heureux pour voir cet agent thérapeutique naturel agir dans ce cas, comme sudorifique, comme diurétique et comme purgatif. Quoique chez M... la peau eut été habituellement sèche et résistante au toucher, après un mois et demi de séjour auprès de notre source, elle devint généralement souple et halitueuse; et une sueur assez abondante s'établit à l'occasion du plus léger exercice, aux aisselles, aux aines et aux pieds. Les urines coulèrent avec facilité et abondance; des selles de consistance moyenne et régulières remplacèrent journellement les alternatives de constipation et de selles abondantes qui, probablement contribuaient beaucoup à entretenir les obstacles que la bile trouvait à son cours naturel et à maintenir les accès de fièvre quarte. Ces accès diminuèrent peu-à-peu et cessèrent complètement vers la fin du séjour que fit le malade à Audinac. l'Appétit et les forces digestives redevinrent dans leur état normal; l'engorgement seul du foie ne fit que diminuer sans disparaître entièrement. M... s'en serait probablement débarrassé tout à fait, s'il avait pu revenir aux eaux, l'année suivante. Nous avons sû plus tard que telle était son intention; mais que des affaires de famille l'en avaient empêché.

4· OBSERVATION.

ENGORGEMENT DU PANCRÉAS, SUITE DE FIÈVRES INTERMITTENTES QUARTES ET D'UNE SUPPRESSION DE FLUX HÉMORROIDAL.

M... âgé de 45 ans, d'un tempérament bilioso-sanguin et d'une constitution forte, quoique peu chargé de tissu musculaire, habitait depuis trois ans une ville voisine d'étangs assez vastes; lorsque vers la fin de septembre 1836, à 6 heures du soir, il fut atteint, pour la première fois de sa vie, d'un accès de fièvre. Cet accès se composa d'un froid vif et assez long, puisqu'il dura une heure et quart, et d'une chaleur qui commença à s'établir vers les 7 heures et demie, alla en augmentant jusque vers une heure de la nuit, et se prolongea jusqu'à six heures du matin. Tous les trois jours, à dater de cette époque, le malade en essuya un assez analogue, à la même heure et à peu-près de la même durée. Le Docteur qui fut appelé à cette occasion, se croyant en droit de regarder cette fièvre intermittente quarte, comme l'effet évident pour lui d'une inflammation ou tout au moins d'une irritation gastro-intestinale, s'empressa de prescrire une diète sévère, une tisane de mauve fortement gommée, et l'application à plusieurs reprises, quoique dans un temps assez court, d'un grand nombre de sangsues sur l'abdomen, principalement sur la région épigastrique. Cette thérapeutique n'eut absolument aucun avantage contre les accès de fièvre quarte qui restèrent absolument les mêmes; ils conservèrent, en effet, leur régularité relative à leur heure d'invasion, leur accroissement, leur état et leur déclin, tant du froid que du chaud, la proportionnalité du froid et du chaud entr'eux, ainsi que leur durée totale habituelle. Le malade maigrit, sa langue se couvrit d'un enduit blanchâtre, légèrement bilieux, les forces digestives diminuèrent d'une manière sensible, et le dégoût ne tarda pas à se manifester. Bien plus, il est un autre rapport sous lequel ce traitement fut très nuisible. M...., homme de cabinet, avait été pendant long-temps sujet à des migraines ou à des céphalalgies intenses déterminées par la grande quantité de sang qui caractérisait sa constitution, et par des fluxions sanguines qui, pour la cause la plus légère, se dirigeaient habituellement vers la tête. Il ne souffrait plus depuis quelques années, ni de ces migraines ni de ces longues et cruelles céphalalgies, et il avait remarqué que ces fâcheux symptômes avaient progressivement diminué pour disparaître complètement ensuite, précisément à l'époque où un flux hémorroïdal sanguin fort abondant s'était établi chez lui... Après l'application des sangsues à la région épigastrique, faite dans l'intention de combattre la gastro-entérite que l'on regardait comme la cause de la fièvre intermittente quarte, le flux hémorroïdal diminua d'une manière notable et disparut bientôt, si bien, qu'il ne laissa pas la moindre trace de son existence : peu de temps après, le malade, qui jusque-là n'avait jamais éprouvé ni palpitation de cœur, ni battement anormal d'aucun tronc artériel, ressentit de l'essoufflement et de la gêne dans la circulation à travers le cœur, à l'occasion d'une marche un tant soit peu accélérée, ou quand il montait un escalier, ou gravissait un terrain un peu élevé ; et il commença à sentir, assez souvent dans la journée, des battements à la région épigastrique fort analogues à ceux que le toucher fait éprouver dans cette région, lorsque le tronc de la cœliaque est devenu anévrismal. M... ne tarda pas à éprouver des bouffées de chaleur avec ascension de sang vers la tête et forte coloration du visage, et la migraine, la céphalalgie et une cohorte de symtômes nerveux, dont quelques-uns étaient assez bizarres, se manifestèrent avec une intensité qui fit craindre qu'ils ne durassent longtemps. Le malade se plaignit alors d'une douleur profonde et sourde correspondant à la région épigastrique : cette douleur ayant attiré plus particulièrement l'attention sur cette partie, on y reconnut, à l'aide d'une exploration faite avec soin, une tumeur beaucoup plus étendue d'un côté à l'autre que de haut en bas, à laquelle le malade lui-même trouvait la forme d'un poisson. Cette tumeur, dont le volume augmenta d'abord sensiblement, quoique d'une manière graduée, sembla plus tard cesser de s'accroître et resta comme stationnaire. Tous les matins, la région épigastrique était distendue et plus sensible ou douloureuse que dans le reste des 24 heures, et cet état pénible local fut accompagné, jusqu'à l'époque où la tumeur devint stationnaire, d'un vomissement de matière limpide, mais visqueuse et tellement acide qu'elle agaçait les dents, seulement en passant par la bouche. Quelques doses légères de sulfate de quinine, auxquelles on eut alors recours, diminuèrent sensiblement les accès; ils ne durèrent plus à dater de cette époque que deux ou trois heures seulement. Tel était l'état dans lequel se trouvait le malade, quand il se rendit aux eaux d'Audinac en 1837. L'affection du pancréas me parut assez caractérisée par l'ensemble des symptômes que j'ai rappelés. Ayant eu l'occasion d'observer plusieurs fois dans ma pratique, que des remèdes, vainement dirigés contre certaines maladies chroniques dans un temps, réussissaient à merveille dans une autre contre la même maladie, sans crainte d'éxaspérer une gastro-entérite que je n'avais jamais cru avoir dû exister dans ce cas, je prescrivis au malade 10 grains de sulfate de quinine à prendre chaque jour d'accès, dans l'espace des dix heures qui précéderaient immédiatement son invasion; et deux grains mêlés à du sucre, à prendre tous les matins des jours intercalaires. Le troisième des accès traités de cette manière ayant manqué, je prescrivis la continuation des deux grains à prendre le matin encore pendant trois jours. Les accès ne revinrent plus. Ce ne fut qu'après ce traitement préalable, que les eaux d'Audinac furent administrées à l'intérieur, à la dose de six à huit verres dans la journée et en bains. La surexcitation, qu'avait dû nécessairement occasionner l'action soutenue du quinquina, céda bientôt à l'effet diurétique et légèrement purgatif des eaux administrées à l'intérieur. La liberté du ventre qui s'établit alors devint habituelle, détermina les mouvements fluxionnaires sanguins vers les hémorroïdes, leur terme le plus avantageux dont ils avaient été malheureusement détournés. Les palpitations de la région épigastrique cessèrent aussitôt que le flux hémorroïdal fut bien rétabli. Enfin les douches sur l'épigastre réduisirent notablement l'engorgement stationnaire, indolent de cette partie.

5ᵉ OBSERVATION.

ENGORGEMENT DE LA PROSTATE SUITE D'UNE BLENNORRHAGIE SYPHILITIQUE ET D'UNE FIÈVRE INTERMITTENTE TIERCE.

En 1841 et pendant la saison des eaux, le nommé D. R., âgé de 30 ans, homme de peine, habitant une petite ville peu éloignée de notre source, vint me consulter à l'occasion d'une tumeur du périnée, facilement abordable par l'exploration quoique non superficielle, et que je reconnus bientôt comme exclusivement constituée par un état anormal de la prostate. Le malade était sans doute, par suite de sa profession, d'un tempérament assez fort, quoique dans son enfance il eut été scrofuleux d'une manière décidée, comme l'attestaient encore les cicatrices blanches inégales et luisantes que l'on voyait sur les côtés et à la partie antérieure de son cou. La diathèse dont il s'agit avait dû envahir d'autant plus facilement ce sujet, à l'époque indiquée, qu'il appartenait à une famille où l'on comptait beaucoup de sujets scrofuleux, parmi lesquels son père se faisait plus particulièrement distinguer. En 1839, ce jeune homme s'était aperçu, qu'à la suite d'un commerce impur, il avait contracté une blennorrhagie, dont les caractères furent trop tranchés pour qu'on ne dût pas la regarder comme liée à un état morbide constitutionnel, à une affection générale. Le traitement qui lui fut administré paraîtra peut-être un peu imprudent...

Chez un sujet tel que celui-ci, où l'on avait moins d'intérêt que dans bien d'autres circonstances à supprimer brusquement cette fluxion dès son origine, on administra le baume de capahu et le poivre cubèbe, alternativement et à des doses assez fortes, et l'on ne fit absolument rien pour combattre l'infection générale ou la diathèse dont l'existence ne pouvait nullement être révoquée en doute. Ce traitement eut pour résultat la diminution de l'intensité des symptômes inflammatoires : la douleur fut moins vive et soutenue ; la matière de la fluxion, beaucoup moins colorée, fut plus limpide et moins abondante; mais cette fluxion persista cependant en passant plus tard à l'état de blennorrhée chronique. Les glandes spermatiques devinrent alors gonflées et très-douloureuses pendant quelques jours. Cette douleur et cette tuméfaction se dissipèrent ensuite peu-à-peu, mais le malade s'aperçut bientôt que l'une et l'autre, au lieu de disparaître complètement, n'avaient fait autre chose que changer de place : Il se manifesta dans le périnée une douleur d'abord et bientôt après une tumeur, qui augmentant peu-à-peu de volume, atteignit, dans assez peu de temps, le volume d'une grosse noix.

Le nommé D. R. s'étant adressé alors à un autre médecin, il lui fut prescrit un traitement ayant pour base la liqueur de Vanswiéten et une tisane fortement sudorifique d'abord, et après une quantité convenable de pilules de Belloste. Ce traitement ayant duré près de trois mois, l'engorgement de la prostate et la blennorrhée disparurent complètement.

En 1840, le nommé D. R., ayant été obligé de travailler, pendant un bon nombre de jours, les plus humides de l'automne, dans un lieu froid, peu aéré, et situé au-dessous du niveau de la rue, fut pris, à la suite de ce travail, d'un accès de fièvre qui se répétant deux jours après, et à dater de cette époque tous les deux jours encore, constitua une fièvre intermittente tierce.

Le sulfate de quinine fut donné plusieurs fois à des doses assez élevées pour devoir être utile, s'il avait été susceptible de l'être primitivement dans ce cas, et cependant aucun effet avantageux ne fut la suite de son administration ; ce ne fut que quand les accès de fièvre eurent eu plusieurs mois de durée que l'on soupçonna qu'il pouvait exister un embarras gastro-intestinal. On eut alors l'heureuse idée de l'attaquer comme s'il constituait, à lui seul, l'élément prédominant. A la suite de quelques tisanes amères, dont l'administration fut jugée convenable, ainsi que d'un émétique et de deux purgatifs, le sulfate de quinine, auquel on eut recours de nouveau, triompha parfaitement de la fièvre. Mais, soit que le malade eût apporté en naissant une faiblesse du tissu de la glande prostate, rendant son engorgement plus facile chez lui que chez d'autres, soit que l'engorgement syphilitique antérieur fût cause de cette disposition à s'engorger de nouveau, soit enfin, que la longue durée de la fièvre eût été la seule cause de cet engorgement dans la formation duquel elle avait affaibli son intensité en devenant ainsi plus facilement curable, le malade n'avait plus que l'engorgement de cette glande, quand il eut recours à nos eaux minérales.

Ces eaux lui furent administrées, à l'intérieur, en bains et en douches. A l'intérieur, elles agirent surtout comme diurétiques et comme sudorifiques; les urines, dont la quantité fut extraordinairement augmentée, devinrent très limpides; les sueurs abondantes qui se manifestèrent se firent remarquer à leur tour par une odeur désagréable extrêmement forte : par l'effet de l'abondance de cette double évacuation, l'engorgement de la prostate se trouva notablement diminué; les bains et les douches qui furent successivement administrés plusieurs fois dans la journée, activèrent encore cette résolution, si bien que, quand le nommé D. R. partit d'Audinac, la glande prostate avait été réduite au point de ne présenter presque plus que le volume normal.

VI OBSERVATION.

ENGORGEMENT DU PYLORE, SUITE D'UNE FIÈVRE INTERMITTENTE QUOTIDIENNE.

M...... âgé de 28 ans, d'un tempérament lymphatique-nerveux, ayant eu les articulations des coudes, des poignets, des genoux et des coude-pieds long-temps très-gros, et les glandes du cou fréquemment gonflées dans sa jeunesse, se rendit aux eaux d'Audinac en 1839, pour tacher d'y guérir d'une tumeur assez volumineuse et profonde qu'il portait dans les régions épigastrique et hypochondriaque droite.... Il semblerait que la région épigastrique a été de tout temps, chez M..... plus faible qu'aucune autre partie du corps, ou plutôt même, que la grande sensibilité dont cette région a été constamment le siége, a dû tenir à quelque vice d'organisation primitive, à quelque chose de congénial. Cette région était habituellement chez M..... dans un état d'endolorissement lourd, qui acquérait une intensité, une acuité remarquables, aussitôt que la plus légère pression portait sur ce point du corps; c'était au même endroit qu'un peu de fatigue était primitivement ressentie, c'était là que retentissaient, comme par une sorte d'écho, les suites d'un travail intellectuel quelque peu soutenu; là encore que, dans un faux-pas, dans une commotion même légère de tout le corps, par une cause quelconque de déplacement un tant soit peu brusque, l'ébranlement général était plus vivement, plus viollemment ressenti, parce qu'il s'y trouvait en quelque sorte concentré.... Une impression morale pénible, sous laquelle M..... dut nécessairement passer ce qu'on appelle d'ordinaire *la plus belle partie de la vie*, ne put que renforcer encore cette mauvaise disposition. M..... avait perdu de bonne heure une mère tendrement aimée. Il vit bientôt cette mère remplacée par une marâtre qui eut d'abord pour lui tous les égards et toutes les prévenances souhaitables ; mais l'arrivée de frères et sœurs consanguins vint de bonne heure diminuer la tendresse de ses relations : de là surgit, en quelque sorte, malheureusement pour M......, une mélancolie concentrée qui dut faire d'autant plus de ravage, quoique son action fut sourde et lente, que M...... crut avoir des raisons de penser que son père lui-même, se laissait trop entraîner par des sentiments analogues à ceux de sa nouvelle épouse, et dont des préférences marquées, ou telles en apparence, étaient souvent l'effet dans mille occasions.

En 1838 au mois de mai, M...... se trouvait sur le bord d'une mare d'eau peu profonde, mais bourbeuse, lorsque s'étant baissé pour cueillir une fleur, ses pieds glissèrent sur l'herbe, dont le terrain fort oblique dans ce point était revêtu, ce qui fut cause qu'il tomba dans cette eau froide et sale, de manière à y baigner tout son corps...... Éloigné dans ce moment de tout lieu habité, il fut dans l'obligation de garder ses vêtements mouillés pendant plus d'une heure. Cette impression fâcheuse subite, et le sentiment de crainte qui devait en être inséparable, furent cause que M...... eut une fièvre intermittente dont les accès revinrent tous les jours et durèrent long-temps, sans doute, en grande partie, par le tort grave que l'on eut de ne point faire d'abord de traitement et puis plus tard de ne suivre que des traitements peu rationnels : ces derniers traitements ne consistèrent, en effet, que dans l'administration de moyens thérapeutiques empruntés à la classe des antiphlogistiques et que l'on appliqua en quelque sorte en aveugle; puisqu'on ferma les yeux sur des symptômes annonçant des complications importantes qui eussent dû nécessairement être prises en considération..... Les accès de fièvre intermittente ne cessèrent que lorsque, à la suite d'une consultation, l'on eut arrêté et mis à exécution un traitement plein de sagesse qui ne fut dirigé contre la fièvre intermittente qu'après que les éléments nerveux et saburral, gastro-intestinal, eurent été convenablement combattus, celui-ci par des évacuations artificielles, supérieures et inférieures; celui-là par des antispasmodiques variés et donnés à des doses elles-mêmes différentes, selon les indications qu'ils devaient remplir. Malheureusement on s'aperçut seulement alors que l'habitude des sentiments douloureux à la région épigastrique, et probablement aussi la longueur de la durée de la fièvre intermittente quotidienne avaient déterminé, dans les régions épigastrique et hypochondriaque droite, la formation d'une tumeur dure, inégale, comme incompressible. On remarqua que la tumeur s'accompagna de difficulté de digestion, de rapports acides ou nidoreux très-fréquents, et que souvent même des vomissements qui se manifestaient assez peu de temps après les repas, éliminaient des aliments que les forces digestives n'avaient pu atteindre que d'une manière incomplète. Le teint du malade s'altéra visiblement ; il devint décidément plombé. Les selles furent alors sèches, rares et d'autant moins fréquentes que les vomissements après le manger étaient eux-mêmes plus répétés. On fut ainsi fondé à regarder cet ensemble de symptômes comme annonçant un engorgement du pylore.

Deux voyages à Audinac, pendent la saison des eaux, procurèrent à M.... tout ce qu'il était possible, ce semble, d'obtenir dans ce cas. Par l'effet des eaux prises à l'intérieur, d'abord à petites doses, et puis à des doses de plus en plus fortes, que l'on augmenta d'une manière graduée, la digestion se fit mieux, alors même qu'elle continua à se faire surtout dans l'estomac. Les eaux minérales semblèrent passer de plus en plus facilement par le pylore, en entraînant chaque fois avec elles la partie la plus soluble et la plus nutritive du chyme. Les urines coulèrent avec liberté sans être trop abondantes, les selles se rapprochèrent de plus en plus de l'état normal ; enfin, des douches sur la région correspondant à la tumeur, réduisirent de beaucoup son volume. Les effets si avantageux que l'on avait obtenus pendant le premier séjour de M.... aux eaux d'Audinac, furent beaucoup plus marqués encore lorsqu'il y revint l'année suivante. Le régime que nous avions cru convenable de lui prescrire, et le traitement à la fois dépurant, résolutif, fondant, dont le lait d'ânesse, le suc amer des plantes chicoracées, le petit lait et les préparations savonneuses, gommo-résineuses et mercurielles faisaient les principales bases, rendirent sans doute l'action des eaux plus marquée dans le second voyage. Les douches sur lesquelles on insista plus particulièrement, réduisirent encore le volume de la tumeur et lui procurèrent une sorte d'état stationnaire, indolent, qui n'inspira plus que des craintes légères pour l'avenir.

C'est ici le lieu de s'occuper, 1° de l'avantage que procurent les eaux minérales en produisant la fièvre artificielle, si favorable à la résolution des engorgements stationnaires, que certains auteurs appellent *gateaux fébriles*; 2° des cas dans lesquels la provocation de cette fièvre serait ordinairement nuisible, et 3° des moyens qu'il y aurait de profiter de ce que cette fièvre aurait d'avantageux dans certains cas, en évitant en même temps ce qu'elle présenterait de nuisible.

Nous placerons ici, comme dans le lieu qui lui convient le plus, une observation que le célèbre *Bordeu* avait faite, et que ne doivent jamais perdre de vue ni les médecins ordinaires, ni les malades, ni les médecins inspecteurs d'eaux minérales.

Dans l'emploi de ces eaux contre les engorgements des viscères abdominaux surtout, il arrive le plus souvent, en effet, que la première action des eaux cause, dans les tumeurs à résoudre, une augmentation de volume, quelquefois même une exaspération des symptômes qui pourraient effrayer les

malades, et étonner les médecins qui ont encore peu d'expérience. Mais un praticien tel que *Bordeu* ne devait pas être induit en erreur par cette circonstance. « Une tumeur qui est sur le point de se
» résoudre, dit-il, acquiert ordinairement plus de
» volume, elle se gonfle et se durcit au point d'ef-
» frayer les personnes peu expérimentées. Il s'élève
» toujours une fièvre, au moins locale, qui sert à
» remettre en mouvement les humeurs que la
» tumeur retient en dépôt, et à redonner aux fibres
» leur ton et leur action. »

Il est aisé de voir, du reste, que dans leur action, ici salutaire, les eaux minérales ne font qu'imiter ce que la nature elle-même a souvent fait spontanément, ainsi que l'atteste l'aphorisme suivant du père de la médecine : *Quibus hepar circum circa dolet, his febris superveniens dolorem solvit. Lorsque le foie est douloureux dans toute sa circonférence, la fièvre qui survient dissipe le mal.* (Section VII, aphorisme 52).

Nous ne pouvons nous dispenser d'indiquer ici une remarque, aussi fine que judicieuse, du baron *Alibert*. Cet observateur avait noté que l'état fébrile, que développait assez souvent l'action des sources minérales, était favorable aux conceptions de l'esprit. Il cite, comme autant de preuves à l'appui de cette assertion, les lettres de Mmes de Sévigné, de Genlis, de Staël, Henri de Chatenay, et de Pizieux, écrites de Vichy, de Spa, de Bade, de Forges et de Bagnoles en Normandie.

Il ne faudrait pas croire, cependant, qu'il fût utile de provoquer la fièvre artificielle dont il s'agit, dans tous les cas d'engorgements des viscères abdominaux sans distinction. Nous ne saurions mieux faire que d'adopter, sous ce point de vue, le sentiment que M. *Guersent* a exprimé de la manière suivante : « Quoique *Bordeu* et plusieurs praticiens
» qui se sont occupés avec succès de l'emploi thé-
» rapeutique des eaux minérales, aient beaucoup
» préconisé cette fièvre, produit de l'art, elle ne
» doit être cependant provoquée qu'avec de grands
» ménagements et dans les cas seulement où les
» organes ne sont pas altérés dans leurs tissus, ou
» affectés de phlegmasie. »

Du reste, il ne serait pas impossible, dans plus d'une circonstance, de mettre à profit tout ce que cette fièvre artificielle présenterait d'avantageux, quoiqu'il existât des contre-indications qui dussent nécessairement empêcher d'y avoir recours de prime abord.

Il suffirait souvent de combattre ces contre-indications par le repos, l'ajournement de l'usage des eaux, un régime approprié, et quelquefois même un traitement préalable, pour que l'usage des eaux et la provocation de la fièvre résolutive par leur emploi fussent alors suivis d'un véritable succès.

Quant aux malades habituellement sur-excités, auxquels l'emploi de nos eaux, telles que la nature nous les fournit, seraient nuisibles, principalement à cause de la bonne quantité de carbonate et de crénate de fer qu'elles contiennent, ils se trouveraient fréquemment très-bien de l'emploi de ces mêmes eaux, si elles avaient été préalablement et convenablement affaiblies par leur mélange avec une infusion, une décoction, ou un sirop adoucissants, ou tout uniment avec du lait.

7ᵉ OBSERVATION.

FIÈVRE ARTIFICIELLE RÉSOLUTIVE DE L'EMPATEMENT DU REIN GAUCHE.

M...., âgé de 22 ans, d'un tempérament sanguin bien caractérisé, et d'une constitution très-robuste, quoique le faible développement du système musculaire disposât assez à penser le contraire, s'était adonné avec ardeur d'abord à l'étude, puis à l'équitation, puis à ces plaisirs auxquels il paraît si difficile de se soustraire quand on a à sa disposition jeunesse, fortune et santé. Ayant pris tout avec chaleur, s'il avait acquis une excellente éducation et des connaissances variées, il s'était aussi malheureusement fatigué par l'ardeur ou le zèle excessif qu'il avait constamment apporté, tant dans ses études, que dans la satisfaction de ses goûts et de ses passions.... Par un effet presque inévitable de ces excès successifs de divers genres, M.... ne tarda pas à éprouver une douleur légère, mais permanente, dans l'épine du dos, et une sorte d'endolorissement sourd dans les lombes, qui s'irradiait, d'une part jusqu'à l'estomac, au foie et à la rate, où il se manifestait physiquement par des tuméfactions spasmodiques, et de l'autre jusqu'aux testicules, qui devenaient à leur tour comme plus pesants, douloureux, et qui étaient par fois fortement rétractés vers les anneaux inguinaux.

En dernier lieu, à l'occasion d'une fatigue quelconque un peu forte ou soutenue, M.... éprouvait presque toujours une exagération des symptômes qui viennent d'être décrits, et parfois même quelques gouttes de sang ou quelques petits caillots mêlés aux urines annonçaient que l'irritation des reins avait été poussée plus loin dans ces occasions. Il était même arrivé deux fois, qu'à la suite de fortes courses à cheval, M.... avait eu de la fièvre et un pissement de sang ou hématurie. Dans une de ces circonstances analogues, les symptômes parurent assez inquiétants pour que son médecin crut devoir lui faire une forte saignée... A la suite d'une partie de chasse qui dura trois jours consécutifs, et pendant laquelle le temps resta constamment pluvieux, M..., fut atteint d'une fièvre quarte, durant les accès de laquelle le rein gauche lui semblait être le siége d'une expansion toute particulière et fort douloureuse. Le malade exprimait ce qu'il éprouvait, d'une manière qui lui semblait juste, en disant que *son rein se gonflait alors comme s'il voulait éclater dans son ventre*. Cette fièvre quarte se montra rebelle à tous les remèdes les plus héroïques par lesquels elle fut méthodiquement combattue. Sous sa fâcheuse influence, il se forma, dans le rein gauche, un empâtement que chaque accès rendit plus considérable; il sembla, pendant long-temps, que chaque accès ajoutait une couche nouvelle à cet engorgement. Après avoir duré six ou sept mois, les accès s'affaiblirent, furent plus courts, devinrent erratiques pendant quelque temps, et disparurent enfin d'eux mêmes. Mais l'empâtement du rein continua à s'accroître; seulement, sa marche, quoique réelle, fut beaucoup plus lente. Cet empâtement était indolent, mais très-prononcé, quand le malade se rendit à Audinac, en 1839. Après avoir fait appliquer sur les lombes du malade 20 sangsues, dont nous laissâmes long-temps saigner les piqures, nous lui prescrivîmes les eaux minérales en larges boissons et en bains, pendant trois semaines, réservant les douches pour la suite, pourvu qu'elles fussent alors indiquées.

Administrées à l'intérieur, les eaux agirent comme diurétiques surtout; mais elles se montrèrent en même temps laxatives et légèrement diaphorétiques. Presque aussitôt qu'elles furent administrées à l'intérieur, les évacuations alvines devinrent faciles. Pendant une dizaine de jours, les urines charrièrent une grande quantité de matières glaireuses assez épaisses, dans lesquelles se trouvaient de temps en temps de petits caillots sanguins presque noirs, que nous considérâmes comme un reste de l'hématurie et d'un ancien catarrhe des voies urinaires probablement méconnu, le malade ne nous en ayant rien dit. Après cela, les urines furent abondantes, mais fort limpides ; le sentiment douloureux de l'épine du dos et des lombes diminua considérablement ; les mouvements de cette partie furent sensiblement plus faciles et sans le moindre malaise. Les bains pris le matin, tous les jours, agirent comme toniques sur les parties affectées. Après quelques jours de leur emploi, le malade y ressentait moins les effets de la fatigue... Par suite de l'action combinée des bains et des eaux à l'intérieur, à dater de deux ou trois heures après le bain, il se manifesta, comme sous forme de réaction, une transpiration abondante, que nous jugeâmes à propos de convertir en sueur, au moyen d'un exercice modéré. Nous remarquâmes avec plaisir que la transpiration et la sueur se prononçaient davantage sur la moitié gauche du corps du malade que sur l'autre. Nous regardâmes cette circonstance comme de très-bon augure par rapport à l'action future des douches. Après trois semaines de ce traitement, la résolution, quoique évidemment commencée, ne marchant pas cependant aussi vite que nous l'eussions voulu, nous en vînmes à l'administration des douches. Deux douches faites par jour et pendant trois jours, sur les parties latérale et postérieure du tronc correspondant au rein gauche, et durant 20 minutes chacune, donnèrent, à ce sujet éminemment sanguin, une douleur dans le rein si vive et une fièvre réactive si forte;

qu'il fallut sur le champ le mettre au lit, à la diète, aux boissons adoucissantes et tempérantes, et lui faire une large saignée.... Après quelques jours de repos, le malade fut mis à un régime doux, et nous revînmes aux douches ; mais, cette fois-ci, nous n'en administrâmes qu'une seule de 15 minutes de durée. Une heure après, le malade éprouva une douleur assez intense dans le rein ; la peau correspondant à cet organe devint fort rouge. Deux heures plus tard s'alluma une fièvre qui dura 24 heures. Le malade fit usage de légers aliments dès que la fièvre eut cessé, et après deux jours de repos, les douches furent de nouveau administrées, et ainsi de suite. Quarante jours passés de cette manière eurent un résultat si avantageux que, soit par l'effet du travail local intérieur qui se manifestait par la douleur, soit par celui de la transpiration et de la sueur, surtout du côté gauche du corps, et que les douches rendirent encore plus abondantes, le volume de la tumeur se trouva avoir diminué de près de la moitié. La saison étant fort avancée, le malade renvoya la suite de son traitement à l'année suivante.... Mais ce M.... n'a pas reparu à Audinac. Nous ignorons les raisons qui l'ont empêché de réaliser le projet qu'il avait formé

§. OBSERVATION.

CAS DANS LES ANALOGUES DESQUELS, CETTE FIÈVRE RÉACTIVE ARTIFICIELLE, SERAIT NUISIBLE.

M..... âgé de 25 ans, d'une faible constitution et d'un tempérament lymphatique, entièrement dominé par une diathèse scrofuleuse héréditaire, vint implorer le secours des eaux minérales d'Audinac, à l'occasion d'une phthisie rénale des mieux caractérisées. Dans son jeune âge, M...... fut successivement atteint de plusieurs maladies, toutes marquées au coin de la diathèse scrofuleuse la plus intense. Atteint d'abord de gonflements, d'indurations, d'ouvertures spontanées et de longues suppurations de plusieurs glandes du cou, pendant qu'une fièvre continue, à exacerbations diurnes doubles, minait sans relâche sa constitution et fesait craindre une consomption mortelle, ce ne fut que par des soins de tous les instants, par une diététique rationnelle sévère, qu'il put échapper à une mort, que plusieurs médecins, tous d'un mérite reconnu, avaient crue inévitable. Plus tard, M..... fut atteint d'un catarrhe pulmonaire qui, dans le principe, ne presentait que les symphtômes et ne s'accompagnait que des incommodités ordinaires; mais ce catarrhe, passant à l'état chronique, ne tarda pas alors à être escorté d'une toux sèche, d'une fièvre continue d'abord, puis intense, qui devint ensuite plus caractérisée, et à laquelle se joignirent un peu plus tard deux exacerbations irrégulières par 24 heures. Quelques mois après, la toux sèche devint grasse et s'accompagna de quintes plus fortes, dont le but et la solution étaient l'expulsion de crachats épais et nombreux. Le malade fut de nouveau regardé comme tombant dans une consomption probablement funeste; mais à l'aide des soins et du régime qui lui avaient été déjà d'une si grande utilité, soutenus par l'action vigoureuse d'un large cautère établi à la jambe gauche, on fut une autre fois assez heureux, si non pour arrêter irrévocablement cette cruelle affection, du moins pour ajourner d'une manière indéterminée ses terribles effets. Nous avons été d'autant plus fondé à signaler l'action du large cautère qui fut alors établi, comme *vigoureuse*, que précisément à l'occasion de l'établissement de cet exutoire permanent, tout l'effort maladif sembla se concentrer sur la jambe où cette fluxion médicatrice avait été sollicitée. Ce fut là, sans doute, la cause pour laquelle, deux mois après l'établissement du cautère, il se manifesta une carie du *calcanéum* de ce côté; carie qui fut suivie, à des intervalles assez rapprochés, de dépôts purulents, dont quelques-uns s'ouvrirent spontanément, tandis que d'autres furent ouverts par le bistouri ou la lancette, et dont le résultat fut l'élimination de nombreuses esquilles, et une suppuration sanguinolente de longue durée, et des cicatrices qui avaient été très-difficiles à obtenir. C'est seulement près avoir éprouvé cette série d'affections toutes graves, que la diathèse scrofuleuse s'était concentrée sur les reins, où semblait avoir déjà commencé une désorganisation lente et sourde. Les urines déposaient toujours, par le repos, une matière épaisse, visqueuse, d'un blanc verdâtre, ayant une odeur ammoniacale. L'émission des urines était souvent précédée, accompagnée ou suivie de douleurs qui s'étendaient des reins au col de la vessie, et quelquefois même jusqu'à la terminaison de l'urèthre et des corps caverneux, en décrivant presque anatomiquement, le trajet et l'occupation des urétères et du corps de la vessie. — Quand M.... vint nous consulter à Audinac sur l'opportunité de nos eaux minérales dans le cas où il se trouvait, nous nous crûmes dans l'obligation de lui déconseiller ce moyen thérapeutique, précisément parce qu'il n'était pas assez peu énergique pour devoir être d'une application indifférente ; et ce conseil, nous le lui donnâmes dans l'acquit de notre conscience et dans son propre intérêt... Le malade ayant essayé jusque là, presque de tout, et ne s'étant bien trouvé absolument de rien, ne tint aucun compte de nos conseils désintéressés, et persista dans le dessein que nous sûmes alors qu'il avait déjà avant que de nous consulter, celui d'essayer, non-seulement les eaux à l'intérieur, mais encore même les douches sur les lombes. Nos eaux étaient prises en boisson seulement depuis cinq jours et à faibles doses, quand le malade sentit tous les symptômes de sa maladie s'aggraver d'une manière très-marquée.... Cette expérience seule eut dû lui suffire. Nous nous y attendions nous-mêmes...... Mais nous étions dans l'erreur : après cinq jours de repos qui avait été indispensable pour rétablir l'état antérieur, le malade qui avait un peu de caprice et beaucoup de fermeté dans le caractère, voulut absolument prendre un bain de vingt minutes, et une douche de quinze minutes au sortir du bain. Nous le prévînmes que, selon nous, c'était, dans l'état où il se trouvait, une grande imprudence. Il ne fit aucun cas de notre avertissement. Après avoir éprouvé l'effet du bain et de la douche, il fut pris d'une fièvre inflammatoire intense, avec envies de vomir.

Les urines, expulsées avec peine et à l'aide de contractions douloureuses, étaient beaucoup plus troubles que de coutume, mêlées à du sang, et elles fournirent, en se reposant, un dépôt où l'on voyait des caillots de sang plus ou moins altéré, mêlés à la matière purulente. Le malade nous inspira les plus vives craintes pendant cinq ou six jours : ce ne fut qu'à l'aide d'un traitement antiphlogistique et antispasmodique, joint à une diète sévère et à des soins extrêmement attentifs et de tous les instants, que le malade put remonter en voiture pour revenir dans son pays. Nous ignorons ce qui est advenu depuis.

9ᵉ OBSERVATION.

PHTHISIE HÉPATIQUE AVEC VÉRITABLE PYURIE PAR CAUSE INTERNE.

M.... jeune homme de 27 ans, d'un tempérament lymphatique, qui avait toujours été d'une constitution délicate, et que peu de ménagements de divers genres avaient encore considérablement affaibli, vint à Audinac en 1839, dans l'espoir d'adoucir les cruelles souffrances qu'il éprouvait d'une manière constante, depuis environ deux ans. Il avait été pendant long-temps sujet à des gonflements des glandes du cou, et même à des suppurations de ces glandes, dans plus d'une circonstance. Cette disposition morbide cessa de le tracasser comme elle l'avait fait jusque-là, du moment que sur l'avis de son docteur, il eut établi un cautère au bras gauche. M.... méconnaissant, ou tout au moins oubliant les services que lui avait rendus l'établissement de l'exutoire permanent, le fit supprimer, sous prétexte qu'il était plus incommode qu'il n'était réellement utile : or, ce fut un an après cette suppression, que M.... se plaignit d'une douleur sourde et profonde dans l'hypochondre et dans la région lombaire du côté droit ; douleur sourde qui de temps en temps s'étendait obliquement vers la vessie, et parfois même jusqu'au testicule du même côté. Le malade éprouva bientôt tous les symptômes d'une inflammation aiguë interne, fort étendue et très-vive à une certaine époque, mais qui ensuite passa à l'état chronique, après une diminution notable de l'intensité de la fièvre et des autres symptômes extérieurs.

On remarqua que la diminution de l'acuité coïncida presque avec l'évacuation de véritable pus mêlé, soit aux urines, soit aux matières fécales..... C'est que sans doute le rein droit avait quelque foyer purulent dans son intérieur, ou que l'urèthre avait contracté quelque adhérence vicieuse, soit avec un point indéterminable du foie, ou peut-être même avec un point, tout aussi difficile à déterminer, du tube digestif. Ce qui renforcerait ces présomptions assez légitimes, c'est que, de temps en temps, le malade rendait de nouveau des selles et des urines mêlées à du pus, et que constamment ces évacuations n'avaient lieu qu'après de vives souffrances, dont leur élimination semblait être la terminaison la plus avantageuse. Quand le malade vint à Audinac, il était d'une maigreur assez prononcée ; il était en proie à une fièvre hectique, caractérisée par deux redoublements journaliers assez réguliers, se manifestant, l'un à midi, l'autre à six heures du soir. Toutes les nuits, son sommeil était agité ; ce sommeil n'était guère un peu tranquille et soutenu que vers le matin, et toujours au moment du reveil, le malade se trouvait inondé d'une sueur qui l'affaiblissait encore davantage. Tel était l'état peu encourageant dans lequel se trouvait le malade, lorsqu'il vint à Audinac, dans la persuasion que ces eaux, dont il avait entendu dire du bien, à l'occasion de certains cas crus, mal à propos, analogues, ne manqueraient pas de lui procurer aussi de très-grands avantages.

Aussitôt que nous eûmes pris connaissance de l'état du malade, nous nous opposâmes de toutes nos forces à ce qu'il fit usage des eaux ; mais M.... étant d'une persuasion contraire, et d'ailleurs d'une volonté ferme, voulut absolument en essayer. L'expérience n'eut pas besoin d'être longue. Il y avait à peine six jours que le malade prenait chaque jour seulement 4 verres d'eau minérale par jour, lorsque la fièvre devint plus intense et que par suite les sueurs furent plus considérables ; tandis qu'il se manifesta, en même temps, une diarrhée assez abondante pour faire craindre, à chaque instant, qu'elle ne revêtit bientôt le caractère colliquatif... L'administration des eaux fut promptement suspendue ; les adoucissants, les mucilagineux, les calmants, les narcotiques, etc., etc., furent promptement employés, et ils le furent avec assez de bonheur, pour que le malade put être transporté chez lui.... Nous apprîmes plus tard que, comme on devait s'y attendre, le malade avait été dans l'impuissance de résister à tant de maux.

10ᵉ OBSERVATION.

Possibilité de profiter de cette fièvre artificielle, en évitant ses inconvénients. Engorgement du rein droit, dont la résolution a été obtenue à l'aide de la fièvre artificielle produite par des douches, en alternant avec des adoucissants, des calmants, des antispasmodiques, etc.

M..... âgé de 34 ans, arriva à Audinac le douze juillet 1841 : il est d'un tempérament bilioso-sanguin et d'une sensibilité vitale très-prononcée. il avait été sujet pendant long-temps à des douleurs rhumatismales légères et vagues, parcourant successivement presque toutes les parties de son corps. Ces douleurs n'attiraient guère son attention, d'une manière soutenue, que lorsque ayant pénétré dans une des trois grandes cavités, elles donnaient lieu à une manifestation de symptômes constituant un malaise bien marqué ou une véritable maladie, le plus souvent en rapport avec le degré d'importance de l'organe, alors occupé par l'affection rhumatismale.

En février 1841, M.... avait fait une chute de cheval, dans laquelle, par l'effet d'un accident de terrain, tout le poids du corps porta sur le flanc droit. Il en résulta une violente contusion : toute la peau de la partie contuse fut fortement ecchymosée, et l'on eut de bonnes raisons de penser que le rein droit avait beaucoup souffert. Cet organe et toutes les parties ambiantes devinrent douloureuses; la fièvre s'alluma et dura douze jours environ. Les urines, un peu sanguinolentes dans le principe, furent ensuite comme purulentes pendant une quinzaine de jours. Le traitement par lequel on combattit cet état morbide, composé de délayants, de tempérants, d'antiphlogistiques et d'antispasmodiques, soutenus par une diète absolue d'abord, et puis par un régime convenable, triompha avec assez de bonheur, de la forme aigue de cet état morbide. On crut, pendant deux mois, que M.... ne se ressentirait nullement de cette chute; on était dans l'erreur : M.... ne tarda pas à se plaindre d'une douleur sourde gravative, occupant la région lombaire et le flanc du côté droit, douleur qui plusieurs fois dans les 24 heures devenait momentanément fort vive, s'étendait jusques à la vessie, en suivant le trajet de l'urèthre correspondant, et s'irradiait même parfois, jusqu'à l'extrémité de l'urèthre et jusqu'au testicule droit, qui alors en était fortement rétracté. Bientôt le flanc droit devint le siége d'une tuméfaction de plus en plus considérable : le malade y sentit une pesanteur extraordinaire; tout mouvement, toute action musculaire, qui s'étendait jusqu'à cette partie, devenait, à coup sur, la cause d'une douleur plus ou moins vive. Joignez à cela que les urines étaient habituellement troubles, et laissaient, par le repos, au fond du vase, un dépôt glaireux, d'aspect presque purulent. Le toucher ou une pression même légère rendait très-vive la douleur qui jusque-là n'avait été que sourde et obtuse.

On ne douta pas que le rein droit ne fût le siège d'un engorgement, ou si l'on veut, d'un empâtement peut-être considérable.

Les eaux minérales d'Audinac nous ayant paru convenir, d'après l'expérience que nous avions de leur efficacité dans des cas plus ou moins analogues, nous décidâmes que M.... prendrait ces eaux à l'intérieur, pendant tout le temps de son séjour à Audinac, et qu'après avoir pris une dizaine de bains, après vingt jours d'usage des eaux à l'intérieur, on en viendrait à l'administration de douches sur la partie malade. L'eau minérale en boisson et en bains fut parfaitement supportée ; mais il n'en fut pas de même des douches. A la dose de six à huit verrées dans la journée données à l'intérieur, les eaux agirent à la fois, ici d'abord comme purgatives, et puis comme laxatives et diurétiques. M... avait le ventre habituellement peu libre, mais au cinquième jour de l'usage des eaux, il fut purgé assez abondamment, et à dater de ce moment, les selles restèrent, chez lui, toujours faciles, sans être néanmoins jamais décidément diarrhéiques : les urines coulèrent bientôt en plus grande quantité : elles furent long-temps encore troubles, mais il sembla que leur couleur, ainsi que la nature du dépôt que, par l'effet du repos, elles laissaient constamment au fond du vase, présentaient un tout autre aspect : c'était de plus en plus celui des sédiments critiques. Après un mois de traitement par les eaux à l'intérieur, et dont chacun des dix derniers jours avait été un jour de bain pour le malade, M..... s'aperçut que les urines toujours beaucoup plus abondantes que de coutume étaient d'une limpidité remarquable et ne laissaient plus, par le repos, aucune espèce de dépôt au fond du vase. A cette époque, la tuméfaction du tronc fut déjà trouvée réduite probablement, parce que l'engorgement du rein était lui-même diminué. Voulant profiter aussi avantageusement que possible du reste de la saison, pour rendre plus rapide la résolution de cet engorgement, alors d'une nature décidément indolente, nous jugeâmes qu'il convenait de soumettre M... à l'action de douches de moyenne force : la sixième douche excita tellement le malade, que nous craignîmes pendant quelques jours l'inflammation sur-aiguë du rein et ses suites les plus fâcheuses. La fièvre réactive dura quatre jours : nous fumes obligé d'avoir recours à un traitement antiphlogistique des plus rigoureux, dont une large saignée et des cataplasmes de farine de graines de lin et de feuilles de jusquiame, fortement laudanisés, firent partie. Après quelques jours de repos, une nouvelle douche, quoique plus faible que les premières, fut autant et peut-être plus utile que les premières, en procurant les avantages que cette fois, nous avions en vue, sans entraîner d'aussi graves inconvénients. Nous crûmes devoir continuer ainsi, en remplissant toujours avec soin les indications accidentelles qui se présentèrent.

Dès que le malade eût été soumis à la vingtième douche environ, comme la résolution de l'empâtement du rein et du flanc droit était très-sensible, nous jugeâmes que la durée de la douche serait de cinq minutes de plus, et qu'elle serait aussi plus forte, parce que la fièvre réactive avait été trop faible et de courte durée. Après la cinquième douche ainsi modifiée, M.... éprouva une attaque de nerfs ayant la plus grande analogie avec celles que fournissent à l'observation, ou les femmes hystériques, ou même, quoique plus rarement, certains sujets éminemment hypochondriaques. Cet événement singulier se reproduisit dans un autre occasion : nous eumes recours aux antispasmodiques, aux narcotiques, tels que la liqueur d'Hoffmann, l'éther, le laudanum de Sydenham, etc., etc., et les symptômes disparurent avec assez de facilité. A la suite d'une des dernières douches, M..... ressentit tout d'un coup une douleur des plus vives à la vessie ; deux sinapismes appliqués aux mollets et laissés en place, vingt minutes suffirent pour dissiper complétement ce symptôme pénible : sous l'influence de cette méthode combinée, dans laquelle comme on l'a vu, nous eumes volontairement ou forcément recours alternativement à des excitations puissantes d'une part ; et de l'autre à des calmants, des antispasmodiques, l'engorgement du rein que nous combattions, fut assez notablement résolu, pour que, quand le malade quitta Audinac, il ne lui restât plus qu'un peu d'engorgement aux lombes, et quelque roideur dans cette partie, pendant les mouvements latéraux du tronc. Or, si l'on n'a pas perdu de vue l'historique de la maladie, on pourra très-bien rapporter cette douleur au moins, autant à l'ancienne affection rhumatismale, qu'au reste d'engorgement du rein et des lombes.

Nous ne terminerons pas ce deuxième mémoire sans faire connaître au moins le titre du travail dont la publication suivra celle-ci. Le sujet de ce troisième mémoire est le suivant :

Considérations générales sur les maladies chroniques de l'estomac et des intestins susceptibles d'être avantageusement traitées par les eaux minérales d'Audinac.

Nous avons été déterminé dans le choix de ce sujet par le grand nombre de maladies plus communes ce semble depuis quelque temps, qui se rapportent à ce titre, et sur tout par la difficulté que l'on éprouve ordinairement à les guérir, ou même à les soulager par les moyens thérapeutiques ordinaires. Il n'est pas de médecin qui ignore, en effet, l'extrême difficulté que l'on rencontre si fréquemment alors même que l'on n'aspire qu'à soulager les malades atteints de ces affections chroniques variées qui frappent, soit l'estomac, soit les intestins, lorsqu'on n'a recours qu'aux seuls moyens diététiques et pharmaceutiques.

Nous ne voulons point parler ici des vices organiques bien réels et bien constatés ; ceux surtout de dégénérescences des tissus sont et seront, ce semblerait toujours ici, comme ailleurs, le désespoir de la science et de l'art.

Mais combien n'y a-t-il pas de *névroses*, c'est-à-dire de maladies nerveuses essentielles, extraordinairement variées dans leurs formes et parfois si bizarres, qui résistant à tous les traitements ordinaires que des médecins d'un mérite incontestable avaient pu imaginer, sont néanmoins ou notablement amendées, ou très-souvent parfaitement guéries par l'emploi convenable et sagement dirigé des eaux minérales ! Eh, pourrait-on blamer tant d'auteurs de regarder ces puissants remèdes naturels, comme expressément créés par la prévoyance divine pour alléger le fardeau si lourd des maux qui pèsent sur la faible humanité !

Nous aurions bien voulu publier, sans les morceler, les matériaux nombreux, à la fois fort utiles à l'humanité, et, osons-le penser et le dire, de quelque intérêt pour la science elle-même, qu'une observation attentive, réfléchie et soutenue nous a mis à même de recueillir sur les eaux d'Audinac ; mais, après avoir convenablement médité et bien arrêté le plan de notre travail, nous n'avons pas tardé à voir que nous devions trouver à sa prompte exécution des obstacles que nous n'avions pas cru d'abord devoir y rencontrer.

Quelle qu'ait été l'ardeur du zèle que nous avons apporté dans la révision de nos nombreuses notes, dans le complément d'une foule de circonstances d'histoire de maladies qui plus d'une fois n'avaient été que succintement désignées sur *notre journal*, dans le classement, dans l'enchaînement le plus naturel, et dans la rédaction de celles de nos observations qui devaient être publiées, quelque multipliés et pénibles qu'aient été les efforts de mémoire indispensables à la réunion nécessaire de nos plus anciens souvenirs, nous avons été, toutefois, obligé de nous imposer des limites très-rapprochées et d'ajourner encore l'achèvement définitif et complet de notre œuvre.

Ce qu'il y a surtout d'essentiel ici pour nous, c'est que tout ait été justement apprécié dans nos efforts..... Soyons assez heureux pour que nos bénévoles lecteurs veuillent bien approuver et le fond et la forme de notre publication actuelle; soyons assez heureux pour qu'ils puissent bien sentir que le mobile de tous nos actes, que tous les motifs de nos déterminations ont pour but unique et constant, plus le soulagement ou la guérison des malades qui nous visitent à Audinac, que la réputation et la prospérité d'une source d'eau minérale!

FIN.

www.ingramcontent.com/pod-product-compliance
Lightning Source LLC
LaVergne TN
LVHW051507090426
835512LV00010B/2385